LORENZO RENZULLI

VENDERE CON I MARKETPLACE

Come Guadagnare Vendendo Testi, Foto e Applicazioni sugli Store Online

Titolo

"VENDERE CON I MARKETPLACE"

Autore

Lorenzo Renzulli

Editore

Bruno Editore

Sito internet

http://www.brunoeditore.it

Sommario

Introduzione

Internet permette a tutti di farsi conoscere, di entrare in contatto con potenziali clienti e collaboratori da ogni parte del mondo e di lavorare e guadagnare in modi nuovi, spesso più facili e divertenti.

Per riuscire a distinguersi in rete bisogna però conoscere gli strumenti giusti e applicare le migliori strategie. In questo corso vi racconterò le mie esperienze pluriennali sul web, in particolare con una tipologia di siti, detti Marketplace: piattaforme grazie alle quali è possibile mettere in vendita gratuitamente le proprie creazioni, qualunque sia la vostra professione o passione.

Se amate la fotografia, ad esempio, potreste arrotondare vendendo le vostre foto online; se siete bravi a scrivere o a creare elementi grafici, potreste trovare facilmente qualcuno disposto ad acquistare i vostri lavori ecc.

La rete mette in comunicazione domanda e offerta e i Marketplace, se utilizzati correttamente, possono diventare uno strumento utile per farsi conoscere, per trovare nuovi clienti e anche per generare delle rendite automatiche di denaro.

Come vedremo, infatti, esistono diverse tipologie di Marketplace, ma fondamentalmente, per la natura stessa dei contenuti che metterete in vendita, sono tutti riconducibili a due grandi categorie: quelli che vi faranno guadagnare lavorando su commissione e quelli che vi permetteranno di mettere in vendita le vostre creazioni, consentendovi, in molti casi, di generare delle rendite senza richiedervi un impegno costante nel tempo.

Che voi siate dei grafici, degli sviluppatori, dei copywriter, o che, semplicemente, cerchiate nuovi modi per guadagnare grazie a internet, di sicuro c'è almeno un Marketplace che fa al caso vostro. Nei capitoli che seguono ve ne presenterò alcuni tra i migliori in Italia e nel mondo, e vi spiegherò in modo molto concreto come iscrivervi, inserire le vostre creazioni e iniziare subito a venderle, anche se non sapete nulla di web marketing.

CAPITOLO 1:
Come funziona un Marketplace

Un **Marketplace** è un mercato online, un sito web dove è possibile vendere e acquistare diverse tipologie di servizi e contenuti.

Negli ultimi anni sono divenuti molto popolari i Market, o Store, legati al mondo mobile, dai quali è possibile scaricare ogni genere di applicazione, ma anche contenuti testuali e audiovisivi per smartphone e tablet. Esistono però anche molti altri Marketplace, su cui è possibile acquistare siti web, fotografie, modelli 3D, applicazioni per computer, contenuti editoriali, servizi e molto altro ancora.

SEGRETO n. 1: i Marketplace sono delle piattaforme su cui è possibile mettere in vendita gratuitamente le proprie creazioni, qualunque sia la vostra professione o passione.

Qualunque sia il vostro lavoro quindi, ma specialmente se siete dei creativi, potrete facilmente ottenere buone soddisfazioni da uno o più Marketplace.

Questi siti vi permettono di dare visibilità alle vostre creazioni e di mettervi rapidamente in contatto con chi potrebbe trovarle interessanti. Inoltre si occupano anche di aspetti tecnici, come la gestione dei pagamenti, l'invio dei file ecc. rendendovi la vita decisamente più facile, rispetto a come sarebbe se doveste cercare e gestire da soli i vostri clienti.

Esistono tanti Marketplace diversi e ognuno ha le sue caratteristiche peculiari, cercherò tuttavia di introdurre alcune delle funzioni comuni a questi siti e di spiegarne, in linea di massima, il funzionamento.

L'iscrizione a tutti i Marketplace che presenterò in questo corso, è completamente gratuita e permette di accedere a un pannello di controllo attraverso il quale gestire i vostri dati, inserire i vostri contenuti, monitorare le vendite, richiedere i pagamenti e molto altro ancora.

SEGRETO n. 2: l'iscrizione ai Marketplace, che presenterò in questo corso, è gratuita, e permette di accedere a un pannello di controllo attraverso il quale gestire i vostri dati, inserire contenuti, monitorare le vendite e richiedere i pagamenti.

Una volta scelta la piattaforma di vostro interesse, in base alla tipologia di contenuti o servizi che volete offrire, vi basterà quindi iscrivervi e in seguito troverete tutte le informazioni su come creare e mettere in vendita quello che volete, in modo efficace e nel rispetto delle regole del sito che avete scelto.

Come accennato nell'introduzione, ci sono due diverse tipologie di Marketplace: quelli che permettono di vendere le vostre creazioni e quelli che vi mettono in contatto con dei committenti.

Ad esempio, se siete dei copywriter, vi verranno commissionati articoli per blog o altre tipologie di sito, potrete scegliere i titoli di vostro interesse e consegnare il testo nei tempi stabiliti, per vedervi accreditata la cifra offerta dall'editore. Se invece avete realizzato un'applicazione o dei layout grafici per il web, potete metterli in vendita e aspettare che qualcuno li acquisti.

SEGRETO n. 3: ci sono due diverse tipologie di Marketplace: quelli che permettono di vendere le vostre creazioni e quelli che vi mettono in contatto con dei committenti.

La prima tipologia di Marketplace è interessante, perché vi permette di trovare nuovi clienti con i quali magari avviare delle collaborazioni che continueranno nel tempo. La seconda tipologia, d'altra parte, una volta messa online la vostra creazione, vi permette di guadagnare una rendita, visto che incasserete dei soldi per ogni vendita, senza che nessun altro intervento vi sia richiesto.

Per sfruttare al massimo questa possibilità dedicherò, nell'ultimo capitolo di questo corso, uno spazio a delle strategie per promuovere al meglio le vostre creazioni presenti sui Marketplace. Infatti, se è vero che queste piattaforme danno già una buona visibilità, è anche vero che sapendosi muovere, con qualche piccolo accorgimento, sarà possibile ottenere risultati ancora maggiori, moltiplicando il numero delle vendite e, conseguentemente, l'ammontare dei vostri guadagni.

SEGRETO n. 4: queste piattaforme danno già una buona visibilità, ma sapendosi muovere, con qualche piccolo accorgimento, sarà possibile ottenere risultati ancora migliori.

RIEPILOGO DEL CAPITOLO 1:

- SEGRETO n. 1: I Marketplace sono delle piattaforme su cui è possibile mettere in vendita gratuitamente le proprie creazioni, qualunque sia la vostra professione o passione.
- SEGRETO n. 2: L'iscrizione ai Marketplace, che presenterò in questo corso, è gratuita, e permette di accedere a un pannello di controllo attraverso il quale gestire i vostri dati, inserire contenuti, monitorare le vendite e richiedere i pagamenti.
- SEGRETO n. 3: Ci sono due diverse tipologie di Marketplace: quelli che permettono di vendere le vostre creazioni e quelli che vi mettono in contatto con dei committenti.
- SEGRETO n. 4: Queste piattaforme danno già una buona visibilità, ma sapendosi muovere, con qualche piccolo accorgimento, sarà possibile ottenere risultati ancora migliori.

CAPITOLO 2:
Come vendere template per siti web

Il termine inglese template sul web, indica la struttura grafica di un sito web, che può anche essere definita layout o tema.

Negli ultimi anni hanno preso molto piede i cosiddetti CMS, o *Content Management System*, sistemi di gestione dei contenuti che permettono di mettere online un sito e tenerlo aggiornato con facilità, anche se non si è degli esperti. Tra i CMS più diffusi e apprezzati troviamo WordPress e Joomla, ma la lista potrebbe essere molto più lunga.

Uno dei punti di forza di piattaforme come WordPress è rappresentato dall'essere Open Source, quindi modificabile da chiunque e utilizzabile gratuitamente. Grazie a questo approccio i più diffusi CMS dispongono di moltissimi moduli aggiuntivi, o plugin, che permettono di adattarli alle più diverse esigenze di web publishing.

Inoltre WordPress e gli altri più noti CMS, dispongono di moltissimi temi grafici che permettono di personalizzare il proprio sito web in modo facile e spesso completamente gratuito.

Ci sono però anche temi a pagamento, definiti "Premium", che dispongono in genere di una grafica molto curata e di funzioni aggiuntive per rendere il sito ancor più completo e professionale. Se siete dei web designer realizzare dei temi grafici per un famoso CMS, o anche dei semplici layout in HTML, da mettere in vendita su un Marketplace dedicato, potrebbe farvi guadagnare cifre interessanti.

SEGRETO n. 5: Ci sono temi a pagamento per i più noti CMS, definiti "Premium", che dispongono di una grafica molto curata e di funzioni aggiuntive per rendere il sito ancor più completo e professionale.

Tra i Marketplace specializzati in questo tipo di contenuti segnalo themeforest.net facente parte di uno dei più importanti network di Marketplace, realizzato dallo staff di envato.com. Su ThemeForest è possibile vendere e acquistare temi per Wordpress e altri frameworks basati su questa piattaforma, ma anche temi grafici per Drupal, Joomla, Magento e molti altri CMS e piattaforme per l'ecommerce. Inoltre è possibile anche trovare molti Templates HTML divisi in categorie tematiche, elementi grafici e pagine complete per creare efficaci landing page o inviare email commerciali davvero professionali. Infine, c'è anche un'area dedicata ai file PSD, nella quale acquistare e vendere i templates da modificare poi con il proprio programma di grafica preferito.

Come vedete quindi, che siate dei grafici o che abbiate anche conoscenze di HTML, PHP o altri linguaggi, troverete comunque almeno una sezione del sito su cui mettere in vendita le vostre creazioni.

SEGRETO n. 6: che siate dei grafici o abbiate anche conoscenze di programmazione, troverete di certo almeno una sezione del sito dove mettere in vendita i vostri lavori.

Iscriversi a ThemeForest

Iscriversi su ThemeForest è un'operazione molto semplice e veloce. Inoltre una volta che l'avrete completata, potrete usare gli stessi dati per accedere anche a tutti gli altri Marketplace di Evanto, nei quali vendere elementi grafici 2D e 3D, file audio e video, CMS realizzati da voi, tutorial e molto altro ancora.

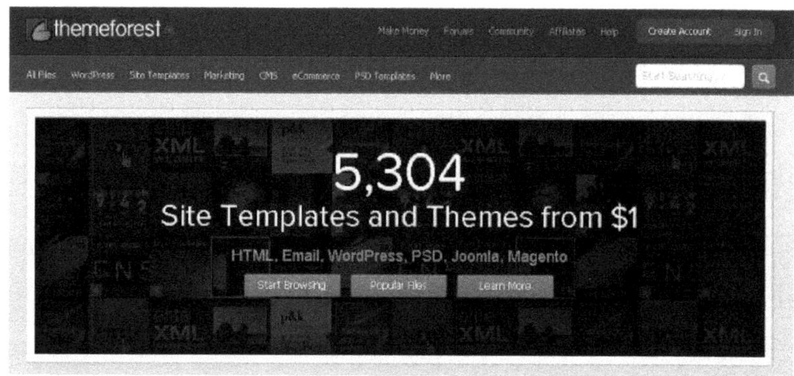

themeforest.net

Per prima cosa cliccate l'apposito link "Create Account" e compilate i vari campi richiesti, prendete visione delle condizioni d'uso, accettatele e procedete alla registrazione. Una volta che vi sarete registrati, ma potete farlo anche prima, vi consiglio di navigare tra le varie sezioni del sito per farvi un'idea di quali siano i temi (e gli altri contenuti) maggiormente richiesti, e di come vengano presentati con descrizioni e immagini, così da risultare maggiormente appetibili per i potenziali acquirenti. Fare questa operazione, secondo me molto importante, vi consentirà di familiarizzare con la piattaforma e vi darà subito un'idea di come sia possibile ottenere buone soddisfazioni dalla vendita dei vostri lavori. Sarà molto facile, visto che per ogni sezione: WordPress, Templates, CMS, PSD ecc. ThemeForest propone un apposito link "Popular Items" che vi permette subito di prendere visione dei Templates più popolari, dei loro prezzi e del numero di vendite realizzate.

SEGRETO n. 7: vi consiglio di navigare tra le varie sezioni del sito per farvi un'idea ben precisa dei contenuti maggiormente richiesti e di come vengono presentati.

Come potrete notare, il costo medio di un Template è di 20 dollari, mentre quello di un Tema per Wordpress si aggira tra i 30 e i 40 dollari.
Queste cifre vengono decise dallo staff di Evanto, dopo aver preso visione delle vostre creazioni e averle accettate e quindi messe in

vendita sulla piattaforma. A prima vista potrebbero sembrare dei compensi decisamente bassi, ma non è così. Infatti, come potrete vedere, non è raro, tra i "Popular Items", trovare temi che sono stati venduti centinaia di volte, quindi vendendo, ad esempio, un lavoro da 30 dollari a 200 persone guadagnereste 6000 dollari.

La cosa interessante inoltre è che una volta inserito nella piattaforma il vostro Tema, il vostro CMS o un Template PSD, non dovrete fare altro: quindi che ne vendiate 100, 500 o 1000 l'impegno che vi sarà richiesto è solo quello iniziale, dedicato alla creazione del vostro Tema grafico. Potrete generare decine o, addirittura centinaia, di vendite ogni mese, assicurandovi così una rendita duratura nel tempo, senza dover più fare assolutamente nulla.

Inoltre, visto che ThemeForest, integra le più diffuse funzioni social, potrete facilmente farvi notare da altri addetti ai lavori, come programmatori e web agency, da ogni parte del mondo, potrete ricevere commenti e voti sul vostro lavoro, e magari essere contattati per richieste di assistenza, per modifiche o per nuove creazioni su misura, trovando così nuovi clienti e ampliando il vostro giro di affari, oltre che il numero delle vostre conoscenze nel settore.

SEGRETO n. 8: potrete generare una rendita automatica, guadagnando da ogni vendita dei vostri temi. Inoltre potrete farvi notare da altri addetti ai lavori e ricevere nuove commissioni.

Come vendere su ThemeForest

Ora che abbiamo visto come sia facile iscriversi al sito e come possa essere conveniente mettere in vendita le proprie creazioni, approfondiamo proprio questo punto. Vediamo come inviare sul sito i contenuti da mettere in vendita.

Se avete seguito il mio consiglio di navigare per un po' tra le varie sezioni del sito e di concentrarvi sullo studio dei "Popular Items", vi sarete già fatti un'idea di come proporre le vostre creazioni, anche se troverete molte altre utili informazioni nell'apposita sezione dedicata da ThemeForest agli autori.

Dopo aver effettuato il login sul sito, nel vostro profilo troverete informazioni dettagliate su come inviare le vostre creazioni. Studiatele con attenzione e prendete visione delle FAQ. Infatti, prima di poter inviare i vostri lavori dovrete dimostrare di aver capito gli standard richiesti dalla piattaforma, rispondendo a un breve questionario con domande a risposta multipla.

Una volta superato il questionario potrete passare all'invio dei materiali, che dovranno essere composti, oltre che dal tema o dal template PSD, che desiderate vendere, da immagini promozionali e da una descrizione testuale contenete le principali caratteristiche della vostra creazione. Tutto questo dovrà poi essere raccolto in un archivio zip e caricato sul server del sito attraverso un apposito accesso FTP.

Tutta la procedura, che può variare in base alla tipologia del vostro lavoro, è dettagliatamente spiegata nella sezione "Sell Your Work", inoltre in "Author Tutorial" troverete utili e dettagliate informazioni, non solo per quanto riguarda ThemeForest, ma anche per tutti gli altri Marketplace di Evanto, ai quali, come detto, potrete accedere sempre con i medesimi dati di registrazione. Una volta che avrete inviato il vostro materiale sul server di ThemeForest, lo staff del sito in tempi generalmente molto rapidi, lo visionerà e deciderà se rispetta gli standard qualitativi della piattaforma, dandovi un dettagliato report su eventuali migliorie da apportare, sul prezzo di vendita deciso per proporlo nella piattaforma e molto altro ancora. Periodicamente inoltre sarà possibile effettuare delle revisioni e degli aggiornamenti dei materiali caricati, così da correggere eventuali bug, o apportare aggiornamenti e migliorie, che magari porteranno anche a una rivalutazione del prezzo di vendita.

Guadagnare con ThemeForest senza vendere nulla

Altra opportunità molto interessante offerta da ThemeForest, e dagli altri Marketplace di Evanto, è quella rappresentata dalla possibilità di guadagnare dei soldi, anche se non avete messo in vendita nessuna vostra creazione.

Com'è possibile tutto questo? La risposta è piuttosto semplice: si tratta di un programma di affiliazione, al quale tutti gli iscritti hanno automaticamente accesso.

Entrando nella sezione "Affiliate Program", troverete tutte le informazioni necessarie per iniziare subito a guadagnare il 30% sui depositi effettuati dagli utenti, che si registreranno a uno dei siti di Evanto attraverso il vostro link. Inoltre troverete molti banner dedicati ai vari Marketplace del gruppo, e un utility online che vi permetterà di generare dei referral link che puntino a specifiche categorie o singoli temi, così da aumentare le vostre possibilità di generare delle vendite.

Se avete un sito web, magari dedicato alla grafica o ad altri aspetti del Web Publishing, questo programma di affiliazione può portarvi buone soddisfazioni e contribuire a diversificare le vostre entrate.

SEGRETO n. 9: grazie a ThemeForest e agli altri Marketplace di Evanto potrete guadagnare, anche se non avete messo in vendita nulla grazie al programma di affiliazione.

La gestione delle entrate

Completa l'ottimo pannello utente di ThemeForest (e degli altri siti del network) una sezione dedicata alle vostre entrate, in cui poter tenere sempre sott'occhio le vostre performance con il programma di affiliazione, i vostri eventuali depositi per acquistare dei temi o altri contenuti e, naturalmente, dettagliate statistiche sulle vostre vendite, così da poter sempre sapere quali tra le vostre creazioni sono maggiormente gradite e quali vi fanno guadagnare di più, e poter avere in tempo reale un'idea precisa del vostro bilancio.

RIEPILOGO DEL CAPITOLO 2:

- SEGRETO n. 5: Ci sono temi a pagamento per i più noti CMS, definiti "Premium", che dispongono di una grafica molto curata e di funzioni aggiuntive per rendere il sito ancor più completo e professionale.
- SEGRETO n. 6: Che siate dei grafici o abbiate anche conoscenze di programmazione, troverete di certo almeno una sezione del sito dove mettere in vendita i vostri lavori.
- SEGRETO n. 7: Vi consiglio di navigare tra le varie sezioni del sito per farvi un'idea ben precisa dei contenuti maggiormente richiesti e di come vengono presentati.
- SEGRETO n. 8: Potrete generare una rendita automatica, guadagnando da ogni vendita dei vostri temi. Inoltre potrete farvi notare da altri addetti ai lavori e ricevere nuove commissioni.
- SEGRETO n. 9: Grazie a ThemeForest e agli altri Marketplace di Evanto potrete guadagnare, anche se non avete messo in vendita nulla grazie al programma di affiliazione.

CAPITOLO 3:
Come vendere le tue foto online

La passione per la fotografia coinvolge moltissime persone. Ormai è possibile realizzare immagini digitali di ottima qualità anche con fotocamere compatte e relativamente poco costose, o con altri dispositivi come i diffusissimi telefoni cellulari.

Avete mai pensato che i vostri scatti più belli potrebbero fruttarvi del denaro? Non serve, infatti, essere dei fotografi acclamati o possedere un'attrezzatura da migliaia di euro per realizzare fotografie che possano suscitare l'interesse di qualche azienda, o magari di un blogger che cerca immagini per arricchire i suoi post.

SEGRETO n. 10: non serve essere dei fotografi professionisti, e neppure possedere un'attrezzatura da migliaia di euro per realizzare immagini che possano suscitare interesse e avere un mercato.

Ci sono diversi marketplace che permettono a tutti, con pochi click, di mettere in vendita le proprie fotografie, così come composizioni, illustrazioni, immagini vettoriali, video e ogni genere di creazione.

Restando concentrati sulle immagini fotografiche iniziamo da photodune.net, uno dei marketplace del network Evanto, di cui abbiamo parlato nel precedente capitolo.

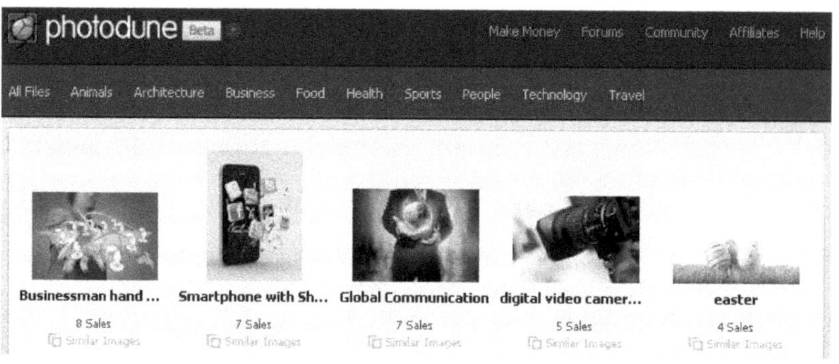

A differenza di themeforest.net, al centro del capitolo precedente, photodune.net non tratta temi per Wordpress o altri CMS, ma permette di vendere le proprie immagini, in particolare degli stock di foto ovvero dei pacchetti di almeno 3 immagini con la stessa tematica.

Come avviene per gli altri marketplace di questo network e per altri siti simili, anche su photodune.net le immagini sono organizzate in categorie, come ad esempio: business, viaggi, persone, sport ecc. così da semplificare la ricerca a chi desidera acquistarle. Anche in questo caso, se vi registrerete al sito potrete effettuare acquisti e vendite su tutti i marketplace del network. Quindi, se ad esempio siete già iscritti a themeforest.net, potrete da subito iniziare a usare anche questo marketplace.

Come iniziare a vendere le proprie foto su photodune

Come detto, se siete già iscritti a uno dei siti di Evanto non dovrete effettuare una nuova registrazione. In caso contrario compilate i campi richiesti nell'apposita area e, in pochi click, potrete già iniziare a mettere in vendita le vostre foto più belle.

Prima di proporre le vostre immagini vi consiglio però, come avevo già fatto anche nel capitolo precedente, di navigare tra le varie sezioni del sito e, in particolare, di soffermarvi sui soggetti che riscuotono il maggiore interesse ovvero sulle foto più vendute. Inoltre su questo sito troverete anche un'utile sezione "Top Authors" nella quale potrete rendervi conto dei soggetti e della qualità delle immagini realizzate dai migliori venditori, quelli che riescono, in molti casi, a realizzare più di mille vendite al mese, mettendosi in tasca diverse migliaia di dollari.

Una volta che avrete esplorato il sito, leggete con attenzione i materiali della sezione "Become an Author" in cui troverete tutte le informazioni necessarie per inviare immagini che rispettino gli standard qualitativi della piattaforma. Inoltre troverete una guida dettagliata che vi spiegherà come inviare i vostri file allo staff, affinché vengano valutati e successivamente proposti ai visitatori del sito e messi in vendita.

SEGRETO n. 11: dopo aver esplorato il sito leggete attentamente i vari materiali proposti nella sezione "Become an Author", vi troverete tutte le informazioni necessarie per inviare immagini che rispettino gli standard della piattaforma.

Vendi le tue immagini su Fotolia

Parliamo ora di uno dei più noti siti web in cui vendere le proprie fotografie: fotolia.com.

Su questo sito, oltre alle fotografie è anche possibile vendere immagini vettoriali, loghi e video, ma per il momento noi ci concentreremo sulle foto.

Fotolia è una risorsa molto conosciuta e apprezzata da chiunque necessiti di immagini per un sito web o un altro tipo di pubblicazione. Permette di visionare moltissime immagini di elevata qualità e di acquistare rapidamente quelle più adatte alle proprie esigenze. Tutte le immagini su Fotolia sono in licenza Royalty Free e possono essere utilizzate per illustrare lavori professionali senza limiti geografici o temporali.

SEGRETO n. 12: Fotolia è una risorsa molto conosciuta e apprezzata da chiunque necessiti di immagini per un sito web o un altro tipo di pubblicazione.

Per i creativi rappresenta un'ottima occasione per guadagnare dei soldi mettendo in vendita le proprie realizzazioni, in modo facile e veloce. Per iscriversi al sito basta compilare un piccolo modulo online o, in alternativa, è anche possibile utilizzare i propri dati del social network Facebook, grazie alla funzione Facebook

Connect.

Per mettere in vendita i tuoi lavori su questo sito devi avere almeno 18 anni, essere l'autore di tutti i contenuti che carichi e possedere i diritti e le autorizzazioni relative agli elementi che appaiono nelle tue immagini, siano essi beni, persone, o luoghi privati.

SEGRETO n. 13: per mettere in vendita i tuoi lavori su Fotolia.com devi avere almeno 18 anni, essere l'autore di tutti i contenuti che carichi e possedere i diritti e le autorizzazioni relative agli elementi che appaiono nelle tue immagini.

Quando una tua fotografia viene venduta, chi l'ha acquistata potrà usarla senza limitazioni di tempo, distribuzione geografica e tiratura. In genere le immagini vengono usate in siti web o per materiale pubblicitario e promozionale, come cataloghi e altre pubblicazioni, ma anche in documenti professionali, nel packaging, in poster, gadget ecc.

Come avviene negli altri marketplace di questo tipo, per ogni file venduto riceverai una percentuale che, nel caso di Fotolia, varia in base al livello raggiunto dal tuo account. Inoltre, Fotolia ha un suo programma di affiliazione che vi permette di guadagnare il 15% sul venduto al netto del compenso riservato all'autore.

Questo vi permette di guadagnare con questo sito, anche se non vendete le vostre foto, ma la questione diviene ovviamente ancor più interessante se state vendendo le vostre immagini o vi apprestate a farlo. Infatti, riceverete delle commissioni non solo per i file venduti direttamente da Fotolia, ma anche per quelli venduti sui siti che aderiscono al programma di affiliazione.

I siti partner di questa azienda vi permetteranno, assieme al market principale, di raggiungere un'utenza internazionale, che parla ben 14 lingue, tra cui l'italiano. Potrete quindi farvi conoscere e apprezzare in patria, ma anche vendere le vostre immagini a un blog americano o a un'azienda di grafica che opera in Russia.

Le caratteristiche dei file

Per vendere con successo i vostri file è molto importante prendere visione delle regole delle diverse piattaforme, ancor prima di inviare i vostri materiali, o rischierete di vederli rifiutati, cosa sempre sgradevole e frustrante, oltre che una notevole perdita di tempo. Dedicate quindi qualche minuto all'esplorazione del sito, cercate di capire quali immagini ottengono maggiore successo e leggete con attenzione la documentazione riservata agli autori.

Fotolia inoltre mette a disposizione un blog, un forum di discussione e delle pagine sui maggiori social network, grazie ai quali informarvi su questioni tecniche. In questo modo potrete confrontarvi con altri fotografi e creativi da ogni parte del mondo.

SEGRETO n. 14: cercate di capire quali immagini ottengono maggiore successo e leggete con attenzione la documentazione riservata agli autori.

Tra le prime cose che dovrete tenere presente ci sono queste specifiche:

- le immagini che invierete a Fotolia devono essere in formato JPEG;
- la risoluzione dei file non deve essere inferiore a 2400 x 1600

pixel (4MegaPixel);

- le immagini devono avere proporzioni regolari (quindi non tagliatele se potete o fatelo rispettando le proporzioni);
- la dimensione di un singolo file non deve superare i 30MB;
- devi essere l'autore e proprietario di tutti i contenuti che carichi;
- devi allegare una liberatoria valida per ogni persona che appare nelle tue immagini;
- non puoi caricare immagini che rappresentino loghi o marchi registrati;
- non puoi caricare immagini che rappresentino proprietà private o luoghi protetti da diritti di proprietà.

RIEPILOGO DEL CAPITOLO 3:

- SEGRETO n. 10: Non serve essere dei fotografi professionisti, e neppure possedere un'attrezzatura da migliaia di euro per realizzare immagini che possano suscitare interesse ed avere un mercato.
- SEGRETO n. 11: Dopo aver esplorato il sito leggete attentamente i vari materiali proposti nella sezione "Become an Author", vi troverete tutte le informazioni necessarie per inviare immagini che rispettino gli standard della piattaforma.
- SEGRETO n. 12: Fotolia è una risorsa molto conosciuta e apprezzata da chiunque necessiti di immagini per un sito web o un altro tipo di pubblicazione.
- SEGRETO n. 13: Per mettere in vendita i tuoi lavori su questo sito devi avere almeno 18 anni, essere l'autore di tutti i contenuti che carichi e possedere i diritti e le autorizzazioni relative agli elementi che appaiono nelle tue immagini.
- SEGRETO n. 14: cercate di capire quali immagini ottengono maggiore successo e leggete con attenzione la documentazione riservata agli autori.

CAPITOLO 4:
Come vendere i tuoi testi

Con l'evoluzione del web si sta iniziando a capire, anche da noi in Italia, che tutti gli aspetti di un sito devono essere curati in modo professionale: non basta una grafica accattivante, ma un ruolo fondamentale è riservato ai contenuti.

Probabilmente avrete sentito, o letto in rete, l'espressione «Content is the king», ossia il contenuto è il Re.

Riflettiamo un attimo: cosa cercate ogni volta che fate una ricerca su Google? Probabilmente risposte a una domanda o a una curiosità. Poco importa che si tratti della trama di un film o dell'indirizzo di un ristorante, in ogni caso stiamo parlando di contenuti, testi che devono essere scritti in modo interessante, originale ed esaustivo, devono rispondere alle nostre domande, devono essere gradevoli, interessanti e magari invogliarci a tornare sul sito e ad aggiungerlo ai nostri bookmark.

SEGRETO n. 15: con l'evoluzione del web si sta iniziando a capire, anche da noi in Italia, che tutti gli aspetti di un sito devono essere curati in modo professionale e un ruolo fondamentale è riservato ai contenuti.

In molti siti web è riservata, però, scarsa attenzione ai testi e questo porta nel tempo al loro insuccesso. Una pagina web può essere ben visibile in rete, avere una grafica curata, ma se non fornisce informazioni utili e interessanti, se non ha dei contenuti originali e di qualità, difficilmente otterrà apprezzamento.

Molte aziende, grandi e piccole, stanno capendo che i contenuti hanno un ruolo fondamentale sul web e questa consapevolezza ha portato alla nascita di nuovi professionisti, non solo grafici, programmatori ed esperti di marketing quindi, ma anche scrittori, o se preferite copywriter.

Trovare un buon copywriter non è cosa facile e, in alcuni casi, come per chi gestisce un network di blog, un solo professionista potrebbe non bastare. Negli ultimi anni per risolvere questa situazione sono nati anche in Italia dei content marketplace, ossia piattaforme per la compravendita dei contenuti. Un'ottima opportunità per chi ama scrivere e ritiene di saperlo fare bene, per guadagnare sfruttando la sua abilità e le sue passioni.

SEGRETO n. 16: trovare un buon copywriter non è cosa facile, negli ultimi anni per risolvere questa situazione sono nati anche in Italia dei content marketplace.

È possibile dividere i content marketplace in due tipologie: in base a ciò possiamo definirli *chiusi* e *aperti*. Quelli chiusi servono a gruppi editoriali o aziende che li usano per reperire i contenuti di cui necessitano. In quelli aperti invece è possibile iscriversi sia come autori che come editori, quindi possono servire, non solo a chi vuole guadagnare scrivendo, ma anche a chi necessita di contenuti per il suo sito.

La differenza per i copywriter potrebbe sembrare marginale, ma a una più attenta analisi non è così. Infatti, nel primo caso si avrà il vantaggio di rapportarsi sempre con lo stesso editore e, quindi, si avranno riferimenti più chiari e standard precisi da soddisfare, anche se il lavoro, in alcuni casi, potrebbe scarseggiare, visto che spesso su queste piattaforme ci sono molti autori a fronte di una limitata richiesta di testi.

SEGRETO n. 17: è possibile dividere i content marketplace in due diversi tipi, che potremmo definire *chiusi* e *aperti*.

Nelle piattaforme che permettono anche ai publisher di iscriversi, e inserire le loro commissioni, il lavoro è generalmente maggiore, ma bisogna essere in grado di capire le diverse esigenze del cliente, pertanto serve maggiore elasticità ed esperienza.

Quella del copywriter, o come si usa solitamente dire in Italia, dell'articolista, è una delle "nuove" professioni del web in maggiore crescita. Tuttavia sono pochi gli autori veramente bravi, in particolare tra quelli che frequentano i content marketplace, in grado, con i loro testi, di dare un reale valore aggiunto ai siti web.

Se decidete di intraprendere questa attività il primo consiglio è quindi quello di non prenderla mai alla leggera: scrivere un testo potrebbe sembrare facile, ma realizzare un contenuto originale, interessante e di elevata qualità non lo è affatto.

Melascrivi

Uno dei primi content marketplace a fare la sua comparsa nel nostro Paese è stato melascrivi.com, un sito che permette agli articolisti freelance di guadagnare scrivendo e agli editori di trovare in modo facile e veloce nuovi contenuti per i propri siti web.

Melascrivi nel tempo è cresciuto e si è dimostrato uno dei siti più seri tra quelli di questo tipo, dispone ad esempio anche di un numero verde che potrete contattare per eventuali dubbi.

Per quanto riguarda i compensi, tema decisamente caldo quando si parla di marketplace e, in particolare, di content markletplace,

Melascrivi prevede una retribuzione a parola, nei limiti fissati all'editore. Tuttavia non conteggia molte parole comuni, che riporta in una tabella delle "stopwords", quindi in alcuni casi, se non siete molto rapidi e abili nella scrittura, potreste ottenere guadagni piuttosto scarsi.

Populis

Populis è un'azienda internazionale, nata in Italia e che ha ottenuto un grande successo a livello mondiale, tanto da poter acquistare grandi siti web, come il portale Excite. La forza di Populis sta proprio nei contenuti e nella capacità di poter gestire contenuti testuali, ma anche audiovisivi, in molte lingue diverse e su diversi portali con target differenti, grazie a un ottimo content marketplace. Ad oggi, Populis offre contenuti a utenti di lingua inglese, italiana, francese, spagnola, tedesca e olandese.

Sulla sua piattaforma "Create" (http://www.populis.com/it/create) è possibile registrarsi solo come autore. Infatti è Populis l'editore che commissiona i testi per i suoi portali. Tutti i testi dovranno pertanto essere formattati nello stesso modo e avere il medesimo stile. I guadagni ottenibili per singolo articolo in questa piattaforma sono mediamente maggiori di quelli di Melascrivi, ma vanno rispettate linee guida ben precise, che trovate riepilogate nel pannello di controllo.

Di seguito riporto un'immagine tratta dal mio pannello di controllo. In passato, infatti, ho scritto una sessantina di articoli su questa piattaforma e, come si vede, mediamente sono stati retribuiti € 5,00 l'uno. Potrebbe sembrare poco, ma vi assicuro che navigando in rete vi renderete presto conto come sia una delle migliori offerte disponibili per testi mediamente tra le 200 e le 400 parole, tutte conteggiate, senza quindi delle "stopwords".

Approvati	N° 63	Guadagni totali	€ 314,00
Approvati	63	Guadagni totali	€ 314,00

Se avete già avuto delle esperienze nella produzione di contenuti per il web, saprete bene che ci sono siti che propongono compensi ben più bassi, che in alcuni casi sfiorano davvero il ridicolo, come 0,50€ ad articolo.

Come iscriversi a Populis Create

L'iscrizione a questo content marketplace è semplice e del tutto gratuita. Seguendo il link di iscrizione dall'homepage troverete un modulo da compilare inserendo i vostri dati personali, un testo di prova e gli argomenti per i quali vi proponete come "writer", ad esempio *motori*, *moda* o *viaggi.*

Potrete anche allegare un curriculum e inserire l'URL del vostro blog, dei vostri account sui più noti social network e di un vostro articolo già pubblicato online. Tutte queste informazioni aiuteranno Populis a capire se fate al caso suo. Infatti, non tutti quelli che si iscrivono vengono accettati. L'obiettivo della piattaforma è chiaro: riuscire a collaborare solo con persone che possano contribuire attivamente alla creazione di contenuti di qualità.

Scribox

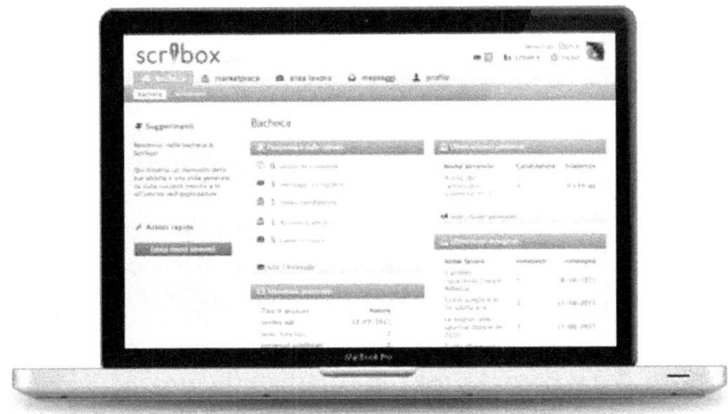

Scribox (http://www.scribox.it/) è un marketplace di contenuti editoriali, che prevede due diverse registrazioni: una per gli editori e una per gli autori. Creare un account autore su questa piattaforma è molto semplice e veloce. I dati richiesti sono davvero pochi e, una volta che verrete accettati, potrete subito visionare le commissioni degli editori e iniziare a scrivere dei temi che preferite.

Questo content marketplace, tutto italiano, ha ottenuto un rapido successo, aumentando e diversificando nel tempo i servizi offerti, come ad esempio la realizzazione di testi in differenti lingue. Scribox inoltre seleziona con attenzione i suoi autori ed è strutturato in un modo piuttosto originale rispetto ad altre piattaforme simili, permettendo una maggiore interazione tra autori e editori.

Iscrivendovi come autori su questo sito potrete:

- trovare molte occasioni di lavoro grazie alle quali mettere alla prova la vostra abilità nella scrittura;
- scegliere il lavoro che più si adatta alle vostre capacità e ai vostri interessi;
- fissare voi il compenso che desiderate ricevere per ogni lavoro per il quale vi proponete;
- ottenere pagamenti mensili, assicurati da una struttura seria e ben organizzata;
- aumentare la vostra reputazione all'interno della piattaforma e non solo, grazie ai feedback lasciati dagli editori con i quali avete lavorato;
- avere a disposizione un'area di lavoro ben organizzata che vi

offre una panoramica degli annunci, dei lavori che state svolgendo, di quelli conclusi, dei guadagni maturati, dei feedback ecc.

ContentMarket

ContentMarket (http://www.contentmarket.it/) è un mio progetto web, nato dall'esigenza di entrare in contatto con validi scrittori che possano contribuire a tenere aggiornati i miei siti e quelli dei miei clienti.

Su questa piattaforma è possibile per tutti, dopo una rapida registrazione, vendere i propri contenuti. Potrete guadagnare scrivendo, grazie alle vostre passioni e competenze. Se ritenete di saper scrivere bene e, soprattutto, vi piace farlo, online ci sono ottime possibilità di guadagno per voi, tra le quali proprio contentmarket.it.

La rete ha fame di contenuti, in particolare se originali e di buona qualità. Ogni giorno nascono nuovi siti e quelli già esistenti si arricchiscono di nuove pagine, servono quindi sempre nuove news e approfondimenti, guide, tutorial, recensioni e altro ancora.

Se ti piace scrivere e vuoi iniziare subito ad arrotondare il tuo stipendio lavorando in piena libertà, quando vuoi ovunque ti trovi, su questo sito e sugli altri segnalati in precedenza, potrai vendere i tuoi articoli e guadagnare in base alle tue conoscenze, facendo quello che più ti piace.

SEGRETO n. 18: la rete ha costantemente bisogno di contenuti, in particolare se originali e di buona qualità. Ogni giorno nascono molte nuove pagine web e quelle vecchie si arricchiscono di nuove pagine.

Altri Content Marketplace

Come detto, l'attenzione per i contenuti è in costante crescita sul web, così anche in Italia stanno nascendo molti Content Marketplace. Oltre a quelli già citati, che conosco e ho testato personalmente, ve ne elenco altri, così che possiate avere una scelta ancor più ampia.

Articoli in vendita (http://www.articoliinvendita.net/) presenta vari servizi: oltre alla tradizionale scrittura di testi per blog e altre tipologie di siti web. Offre anche la scrittura di ebook e traduzioni in varie lingue. Tra i punti di forza della piattaforma c'è il fatto che gli editori possono riconoscere l'autore e, se hanno già acquistato i suoi testi restando soddisfatti, possono quindi preferirlo agli altri che si propongono per svolgere il lavoro.

Great Content (http://www.greatcontent.it/) è un network internazionale specializzato nella creazione di contenuti originali e di qualità in diverse lingue, tra le quali l'italiano. Lo staff del sito si occupa di ogni aspetto burocratico, tasse e fatture incluse, e vi permette così di concentrarvi esclusivamente sulla scrittura.

Vi basterà arrivare a € 10 per richiedere l'accredito sul vostro conto Paypal, senza attendere alcuna finestra di pagamento. Se lo desiderate, potrete essere pagati anche quotidianamente.

RIEPILOGO DEL CAPITOLO 4:

- SEGRETO n. 15: Con l'evoluzione del web si sta iniziando a capire, anche da noi in Italia, che tutti gli aspetti di un sito devono essere curati in modo professionale, e un ruolo fondamentale è riservato ai contenuti.
- SEGRETO n. 16: Trovare un buon copywriter non è cosa facile, negli ultimi anni per risolvere questa situazione sono nati anche in Italia dei content marketplace.
- SEGRETO n. 17: È possibile dividere i content marketplace in due diversi tipi, che potremmo definire *chiusi* e *aperti*.
- SEGRETO n. 18: La rete ha costantemente bisogno di contenuti, in particolare se originali e di buona qualità. Ogni giorno nascono molte nuove pagine web e quelle vecchie si arricchiscono di nuove pagine.

CAPITOLO 5:

Come vendere le tue applicazioni

Da qualche anno il modo di navigare, informarsi e giocare è profondamente cambiato. Molti parlano di un'era post computer, e, in effetti, sono sempre di più le persone che si collegano alla rete o che utilizzano le più svariate applicazioni, dai giochi alle utility, non sul proprio computer, ma utilizzando smartphone e tablet.

Basta farsi un giro sull'autobus o in metropolitana, o magari passeggiare per strada, per rendersi conto che accedere a informazioni, contenuti e ogni genere di servizio *in mobilità*, sia ormai una prassi diffusa.

SEGRETO n. 18: da qualche anno il modo di navigare, informarsi e giocare è profondamente cambiato in seguito alla diffusione di smartphone e tablet.

Questa vera e propria rivoluzione, in pieno svolgimento, ha naturalmente fatto nascere un nuovo e interessante mercato: quello delle applicazioni per dispositivi mobili.

Quasi sicuramente anche voi, se avete in tasca un cellulare di ultima generazione, avete acquistato almeno una volta, un'applicazione scaricandola sul vostro terminale. Poco importa che l'abbiate pagata o che si trattasse di un'applicazione gratuita o di un contenuto, come una canzone o un ebook. Quello che è fondamentale capire è come questo mercato esista e cresca ogni giorno di più.

Sviluppando un'applicazione per cellulare è possibile guadagnare cifre molto interessanti, tanto che nel tempo sono nate diverse società, alcune di grandi dimensioni, che si sono specializzate proprio in questo. Esistono molte applicazioni gratuite, spesso che contengono della pubblicità e tante altre acquistabili per pochi centesimi, ma se si pensa a quante persone utilizzano nel mondo smartphone e tablet, è facile capire che se si realizza una buona idea è davvero possibile sfondare.

Finora in questo corso abbiamo parlato di marketplace su cui vendere siti web, fotografie o testi, contenuti che molti di voi non avranno difficoltà a realizzare, anche senza essere dei professionisti. Ma per le applicazioni il discorso potrebbe farsi più complesso. Potreste pensare che solo dei programmatori esperti possano realizzare delle App. per cellulare.

Sicuramente, se lo siete, partirete avvantaggiati, ma come vi mostrerò, ci sono parecchie risorse online che possono permettere a chiunque lo voglia, di realizzare e mettere in vendita le proprie applicazioni o i propri contenuti, appositamente pensati per i più diffusi smartphone e tablet.

SEGRETO n. 19: sviluppando un'applicazione mobile è

possibile guadagnare cifre interessanti, tanto che nel tempo sono nate diverse società che si sono specializzate proprio in questo.

Come sviluppare un'applicazione per iPhone

L'iPhone, così come il noto tablet iPad, hanno cambiato il mondo in cui viviamo, dando vita a un nuovo e vitalissimo settore, dagli sviluppi difficilmente prevedibili. Sviluppare un'applicazione per l'AppStore di Apple, o un contenuto per iTunes, vi permetterà di raggiungere un'utenza vastissima, sempre disposta ad acquistare risorse di qualità.

Diciamo subito che i migliori strumenti di sviluppo per creare applicazioni per iPhone sono disponibili su Mac, ma anche se utilizzate un Pc potrete creare le vostre applicazioni e, la cosa più interessante, è che potrete farlo anche se non conoscete nessun linguaggio di programmazione.

La procedura tradizionale per creare un'applicazione per iPhone, o iPad, da sottoporre poi ad Apple per l'inclusione nel suo Market, prevede diversi passaggi. Vediamoli assieme.

1. procurarsi un Mac;
2. registrarsi (gratuitamente) su iTunes, come sviluppatore Apple;
3. scaricare il Development Kit per Iphone (SDK) e l'ambiente di sviluppo grafico XCode;
4. sviluppare la vostra applicazione in Objective-C;
5. testare il funzionamento della propria creatura;
6. sottoporre la vostra App ad iTunes per l'approvazione;
7. attendere il verdetto di Apple.

Se però, come detto in precedenza, non avete un Mac e magari non sapete nulla di Objective-C, non disperate, ci sono delle risorse che possono fare al caso vostro e vi permetteranno di realizzare comunque la vostra applicazione.

SEGRETO n. 20: i migliori software per sviluppare applicazioni per iPhone sono disponibili su Mac, ma anche se utilizzate Windows potrete creare le vostre applicazioni.

L'importanza dei tutorial online

Se deciderete di tentare la stimolante avventura della creazione di un'applicazione per iPhone o altri dispositivi mobili, vi consiglio di diventare avidi lettori dei maggiori siti di settore, come l'ottimo maniacdev.com dove troverete tutorial sempre aggiornati e tante notizie sul mondo Apple.

Potrete visionare il codice sorgente di tantissime ottime applicazioni, così da capire come sviluppatori più esperti di voi hanno realizzato determinate funzioni. Inoltre, accanto a guide sui tradizionali strumenti di sviluppo troverete tanti link a risorse che permettono, a chiunque lo voglia, di creare, spesso in pochi click, delle ottime applicazioni.

SEGRETO n. 21: su maniacdev.com potrete visionare il codice sorgente di tantissime ottime applicazioni, così da capire come sviluppatori più esperti di voi hanno realizzato determinate funzioni.

Come creare e distribuire la tua applicazione senza programmare

Come ho scritto in precedenza, non serve necessariamente essere un programmatore per realizzare e vendere le proprie applicazioni per iPhone o cellulari Android. La cosa più importante è avere un'idea. Per la sua realizzazione potrete poi appoggiarvi a strumenti molto potenti e intuitivi, spesso disponibili online in modo del tutto gratuito.

SEGRETO n. 22: non serve essere un programmatore esperto per realizzare e vendere le proprie applicazioni per iPhone o Android.

Apps Builder (http://www.apps-builder.com) è un sito in lingua inglese e italiana che permette a tutti di realizzare, tramite un'interfaccia intuitiva applicazioni native per iPhone, iPad, Android, Windows Phone e anche Web App in HTML5 e App per il Chrome Store.

Non solo è possibile testare l'applicazione online in modo gratuito, ma anche senza effettuare una registrazione al sito. Potrete inserire il nome della vostra App., posizionare con semplicità le varie icone e associarle a delle funzioni, scegliere tra vari temi grafici e molto altro. Con un po' di pratica vedrete che è davvero semplice e, quando sarete pienamente soddisfatti del vostro lavoro, potrete salvarlo e se deciderete che ne vale la pena, anche registrarvi al sito e perfezionare la vostra App, fino ad arrivare alla sua pubblicazione nei vari marketplace.

Inoltre su Apps Builder trovate una sezione che vi aiuta nella gestione dei banner all'interno della vostra App, così da monetizzare anche quelle applicazioni che deciderete di distribuire gratuitamente.

Vendere le App non è infatti l'unico modo per guadagnare grazie ad esse: come avviene sui siti web, quasi sempre ad accesso gratuito, anche sulle applicazioni mobili sono frequentemente presenti dei banner pubblicitari, che potranno permettervi di guadagnare dei soldi per ogni click o visualizzazione, generata da chi utilizza la vostra App sul suo dispositivo mobile.

Sviluppare e vendere applicazioni Android

Android è il sistema operativo mobile più diffuso, è utilizzato da moltissimi cellulari e tablet e le applicazioni per questa piattaforma si moltiplicano giorno dopo giorno. Sviluppare e vendere un'applicazione Android non è difficile, anche se siete totalmente a digiuno di programmazione e, cosa altrettanto importante, potrete riuscirci senza dover investire denaro, a patto naturalmente di saper scegliere e utilizzare solo le migliori risorse gratuite disponibili in rete.

Iniziamo dal blog che riunisce le esperienze degli sviluppatori Android (http://android-developers.blogspot.it) una vera miniera di informazioni sempre aggiornate su questo mondo.

Sul sito ufficiale della community di sviluppatori Android, collegato al blog, (http://developer.android.com) troverete guide e software per sviluppare le vostre applicazioni su Mac, Windows e Linux e tanti altri link, video guide e risorse, costantemente aggiornate e disponibili in modo completamente gratuito.

Guadagna vendendo applicazioni su Google Play

Google Play è lo store di Google, dedicato principalmente alle applicazioni Android. Per poter pubblicare le tue applicazioni su questa piattaforma, devi fare tre cose:

1. creare un profilo sviluppatore;
2. accettare il contratto di distribuzione delle tue App;

3. pagare una tariffa di registrazione (più bassa di quella prevista da Apple per il suo store).

La registrazione, ossia il primo passo, è davvero rapida, in particolare se già siete registrati a uno o più servizi di Google, come ad esempio Gmail.

Su Google Play inoltre è anche possibile vendere i propri ebook. Infatti, dopo Amazon e Apple, anche il colosso di Mountain View sta puntando sul libro elettronico con convinzione, e ha scelto proprio l'Italia come primo Paese di lingua non inglese per lanciare questo nuovo servizio.

Guadagna vendendo i tuoi contenuti su iBooks Author

Come abbiamo visto, creare applicazioni mobili, anche se ci sono ottimi strumenti con interfacce grafiche che facilitano questo lavoro, non è sempre facile, soprattutto se avete in mente delle funzioni complesse e innovative. Esiste però anche un'altra interessante opportunità per sfruttare il grande successo e la crescente diffusione dei dispositivi mobili, ossia quella di veicolare i nostri contenuti, siti web, ebook, guide ecc. su questi device. Tra le soluzioni più interessanti a questo riguardo c'è senza dubbio iBooks Author, che permette di proporre agli utenti Apple i propri contenuti e guadagnare dalla loro vendita.

SEGRETO n. 23: con iBooks Author puoi vendere veicolare i tuoi contenuti: siti web, ebook, guide ecc., in modo molto facile ed efficace.

Potrete scoprire tutte le funzioni di questa piattaforma e restare sempre aggiornati sulle ultime novità di questo rivoluzionario strumento, navigando tra le sezioni ad esso dedicate su iTunes. In sintesi iBooks Author mette a disposizione di tutti gli autori di manuali, ma anche di romanzi, poesie, libri di ricette e ogni altro contenuto, tanti modelli predefiniti, ognuno dei quali prevede diversi layout di pagina con combinazioni di colori, font e sfondi coordinati con grande gusto.

Vi basterà scegliere la struttura che più vi piace e utilizzarla per inserire i vostri testi e le vostre immagini. Inoltre, se avrete particolari esigenze, potrete anche creare nuovi layout personalizzati e salvarli, per utilizzarli poi per diverse pubblicazioni. Infine, potrete creare un indice e caricare una copertina, così da permettere agli utenti di valutare il vostro lavoro e capire se il libro che proponete è di loro interesse.

Mettere in vendita un eBook, realizzato grazie a iBooks Author, può essere un ottimo modo per farvi conoscere e per guadagnare una rendita di denaro grazie alle vostre competenze.

Oltre ai tanti stili e modelli realizzati da Apple e alla possibilità di creare un vostro layout, questo strumento vi consente di aggiungere facilmente testi, foto, grafici, tabelle e contenuti multimediali, in qualsiasi punto di una pagina. Potrete anche importare i capitoli già scritti e impaginati su Microsoft Word o altri software simili, per applicare poi gli stili del modello che avete scelto e rendere il tutto molto omogeneo. Infine potrete arricchire il vostro libro con didascalie sulle immagini, un glossario e vari altri widget.

Mai come in questo caso, l'attenzione si sposta sulle idee. Dovrete solo scrivere il vostro libro, a renderlo poi fruibile sui più diffusi dispositivi mobili penserà Apple.

Se avete realizzato un manuale in cui condividete le vostre esperienze e competenze e volete proporlo a un'utenza in costante crescita, questa soluzione potrà darvi ottime soddisfazioni, anche economiche.

RIEPILOGO DEL CAPITOLO 5:

- SEGRETO n. 18: Da qualche anno il modo di navigare, informarsi e giocare è profondamente cambiato in seguito alla diffusione di smartphone e tablet.
- SEGRETO n. 19: Sviluppando un'applicazione mobile è possibile guadagnare cifre interessanti, tanto che nel tempo sono nate diverse società che si sono specializzate proprio in questo.
- SEGRETO n. 20: I migliori software per sviluppare applicazioni per iPhone sono disponibili su Mac, ma anche se utilizzate Windows potrete creare le vostre applicazioni.
- SEGRETO n. 21: Su maniacdev.com potrete visionare il codice sorgente di tantissime ottime applicazioni, così da capire come sviluppatori più esperti di voi hanno realizzato determinate funzioni.
- SEGRETO n. 22: Non serve essere un programmatore esperto per realizzare e vendere le proprie applicazioni per iPhone o Android.
- SEGRETO n. 23: Con iBooks Author puoi vendere veicolare i tuoi contenuti: siti web, ebook, guide ecc., in modo molto facile ed efficace.

CAPITOLO 6:
Come vendere domini internet

Come ho spiegato ampiamente nel mio corso *Guadagnare con i Nomi a Dominio*, potrete guadagnare grazie alla rete senza dover sviluppare siti web, senza dover creare contenuti e senza offrire dei servizi.

Tutto questo è possibile grazie alla vendita di nomi a dominio ai quali, come vedremo, sono dedicati particolari marketplace.

Come Acquistare, Gestire e Rivendere i Domini del Web

Nel mio corso dedicato alla compravendita di domini, illustravo vari approcci per cercare compratori interessati all'acquisto dei nostri domini o dei nostri siti web sviluppati. In questo corso invece mi concentrerò sui marketplace.

Utilizzare apposite piattaforme per la compravendita di domini non è l'unico modo per approcciare la questione, ma è sicuramente uno dei più diffusi e dei più semplici, anche per i neofiti. Prima di familiarizzare con alcuni tra i siti web che permettono di mettere in vendita i propri domini, introduciamo però brevemente cos'è un dominio, come scegliere domini di valore e quanto possono fruttare gli indirizzi del web.

SEGRETO n. 24: utilizzare dei marketplace non è l'unico modo per vendere i vostri domini, ma è sicuramente uno dei più diffusi e semplici.

Cos'è un nome a dominio

Il dominio è il nome, o meglio l'indirizzo di un sito, ad esempio google.it. Registrare un dominio è un'operazione piuttosto semplice e poco costosa, generalmente la spesa si aggira sui 10 euro circa l'anno. Ogni giorno però nascono nuovi siti web e spesso è difficile trovare dei buoni nomi a dominio ancora liberi.

Avere un indirizzo breve, facile da ricordare e che contenda le parole chiave di nostro interesse, è molto importante per avviare un business online in modo efficace, per questo molte aziende sono disposte a spendere molto più di dieci euro per acquistare un dominio, qualora il nome che desiderino non sia libero, cioè sia già stato registrato da qualcuno, magari proprio con l'intenzione di rivenderlo.

Come trovare dei buoni domini

Come detto i domini di maggiore valore sono quelli brevi, facili da ricordare e che siano formati da una o più parole di frequente utilizzo, meglio se legate a un'attività commerciale.

Consiglio di registrare prevalentemente domini .com o, nel caso vi vogliate espressamente rivolgere al nostro mercato .it, evitando accuratamente marchi registrati o nomi che possano, anche lontanamente ricordare prodotti o brand che non vi appartengono.

Scegliete quindi domini con parole comuni o, viceversa, con combinazioni fantasiose ma efficaci e, soprattutto, come già detto, facili da ricordare.

Evitate, in particolare all'inizio della vostra attività, di registrare tanti nomi a dominio, riflettete sempre sul fatto che se un dominio è libero, forse non è poi di grande valore, visto che ci sono tanti professionisti e aziende specializzati proprio nella ricerca di domini liberi, scaduti o in scadenza, che possano avere un mercato.

SEGRETO n. 25: il mio consiglio è di registrare principalmente domini .com o .it, evitando naturalmente marchi registrati o nomi che possano ricordare noti brand.

A quanto vendere i nostri domini

Continuando il discorso del paragrafo precedente, evitate di commettere uno degli errori più comuni tra chi inizia a effettuare la compravendita di domini, ossia quello di sopravvalutare i vostri nomi.

Il domainer alle prima armi compra un nome mediocre a 10 euro e il giorno dopo pretende di venderlo a mille, finendo per sorprendersi del fatto che nel tempo si ritrova con molti domini invenduti, dei quali, dopo un anno dovrà pagare il rinnovo. Per prima cosa cercate domini che possano avere un valore, per voi o per i vostri clienti, registrateli solo se vi convincono a pieno, e metteteli in vendita al giusto prezzo.

Ma come si può determinare il giusto prezzo cui vendere un dominio? Dare una risposta è quasi impossibile. Per fortuna ci sono degli strumenti online, spesso integrati nelle piattaforme di compravendita di cui vi parlerò a breve, che permettono, sulla base dell'analisi di diversi fattori, come il numero di lettere che compongono il nome, TLD (.com, .net, .it, e altre), anzianità, link popularity ecc., di azzardare una cifra indicativa, che va sempre comunque valutata con cautela e rialzata o ribassata da voi, in base alle vostre personali considerazioni.

SEGRETO n. 26: cercate solo domini che possano avere un valore, specialmente per i vostri clienti, registrateli esclusivamente se vi convincono a pieno, e cercate sempre di

venderli al giusto prezzo.

Vendi i tuoi domini su Sedo

Prendiamo ora in esame una delle più note piattaforme, o se preferite marketplace, per la compravendita di nomi a dominio. Sedo.it permette di vendere i vostri nomi all'asta, indicando un eventuale prezzo di riserva, l'offerta minima accettata, la base d'asta ecc., oppure di venderli a prezzo fisso. Dopo esservi registrati gratuitamente, potrete inserire uno o più domini e scegliere, per ognuno, tra le seguenti opzioni di vendita:

- Price (Fixed);
- No price specified;
- Minimum offer.

Se indicate un prezzo e un compratore ve lo offre, il dominio verrà venduto. Se indicate un'offerta minima e un prezzo fisso, il dominio verrà messo all'asta: solo le offerte che supereranno quella minima vi verranno sottoposte da Sedo e voi potrete decidere se accettare, oppure rifiutare, mentre se l'offerta raggiungerà (o supererà) il prezzo di vendita, il dominio verrà automaticamente venduto.

Ricordatevi di non specificare un prezzo inferiore agli 80 euro, altrimenti, tolta la percentuale che va a Sedo, a voi resterà poco o nulla. In ogni caso, verificate sempre tariffe e percentuali, che variano anche in base alla TLD del dominio, ossia che questo sia un .com, un .it o che abbia altre estensioni.

SEGRETO n. 27: ricordatevi sempre, quando vendete un dominio su Sedo, di non indicare un prezzo troppo basso, altrimenti, tolta la percentuale trattenuta dalla piattaforma, a voi resterà poca cosa.

Altri marketplace per i domini

Tra le varie piattaforme per vendere i vostri nomi a dominio, oltre al già citato Sedo, vi consiglio www.namedrive.com, ottimo anche per depositare i vostri domini e guadagnare dai click generati sugli stessi, in attesa di trovare un compratore.

Altra piattaforma straniera molto valida è www.domainmarket.com che permette di acquistare e vendere domini sia all'asta che a prezzo fisso e di esportare le liste di domini in vendita in comodi file Excel.

Restando in Italia invece, vi segnalo il Website Marketplace (WEM) http://www.alverde.net/wem/ nato in seno a una delle più vitali community di webmaster del nostro Paese.

Anche in questo caso è possibile inserire gratuitamente i vostri domini nel sistema, indicando un prezzo minimo e uno richiesto. Il vantaggio, oltre al fatto che la piattaforma è interamente nella nostra lingua, è che non trattiene alcuna commissione sui vostri eventuali guadagni, generati da una o più vendite.

Per finire cito rapidamente anche un'altra tipologia di marketplace, quelli che permettono di mettere in vendita ogni tipo di servizio a prezzo fisso. Sulla scia del pioniere americano Fiverr ne stanno nascendo vari anche in Italia, come Cinkue.com (*Cosa sei disposto a fare per cinque euro?*) e Novee.it (*Compra e vendi a 9,99 euro*), vi consiglio poi di provare Nanomarket.it, su cui potrete vendere testi, immagini, video, applicazioni e molto altro, scegliendo (in questo caso) anche il prezzo di vendita.

RIEPILOGO DEL CAPITOLO 6:

- SEGRETO n. 24: Utilizzare dei marketplace non è l'unico modo per vendere i vostri domini, ma è sicuramente uno dei più diffusi e semplici.
- SEGRETO n. 25: Il mio consiglio è di registrare principalmente domini .com o .it, evitando naturalmente marchi registrati o nomi che possano ricordare noti brand.
- SEGRETO n. 26: Cercate solo domini che possano avere un valore, specialmente per i vostri clienti, registrateli esclusivamente se vi convincono a pieno e cercate sempre di venderli al giusto prezzo.
- SEGRETO n. 27: Ricordatevi sempre, quando vendete un dominio su Sedo, di non indicare un prezzo troppo basso, altrimenti, tolta la percentuale trattenuta dalla piattaforma, a voi resterà poca cosa.

Conclusione

Dopo aver presentato numerosi marketplace, per poter mettere in vendita testi, immagini, applicazioni e molto altro, vediamo in conclusione di dare alcuni consigli su come promuovere il vostro lavoro, così da aumentare in modo considerevole i vostri guadagni. Inoltre riflettiamo sulla natura e sull'utilità dei diversi tipi di marketplace, così da sfruttarne appieno le potenzialità, ma anche per essere in grado di andare oltre queste piattaforme.

I marketplace permettono a tutti di mettersi in gioco, guadagnando dalle proprie passioni. Sia nelle piattaforme, come i content marketplace, dove si lavora su commissione che, ancor di più, in quelle, come i marketplace per la vendita di foto o applicazioni mobili, su cui si mette in vendita una nostra creazione sperando che il maggior numero di utenti la acquisti. Gli elaborati vengono organizzati in categorie e viene data loro notevole visibilità. È, infatti, nell'interesse del marketplace aiutarvi a vendere, visto che guadagna una percentuale su ogni transazione. Inoltre, così facendo, avrà autori (voi) e editori/compratori soddisfatti. Naturalmente la visibilità in rete non è mai troppa, quindi vi invito a darvi da fare per promuovere i vostri lavori, così da guadagnare di più.

Gli strumenti a vostra disposizione sono molti, alcuni dei quali già previsti e integrati dagli stessi marketplace, come la possibilità di condividere il vostro profilo, la lista delle vostre creazioni, o un singolo "prodotto" sui principali social network, con un semplice click.

Il mio consiglio è di sfruttare questi strumenti, ma di non fermarsi a questo. Infatti, potrete ottenere risultati ancora migliori se promuovete il vostro lavoro sul vostro blog o su altri siti, inserendo link, descrizioni, immagini accattivanti ecc.

Molto naturalmente dipende anche dalla tipologia di marketplace su cui lavorate e dal tipo di lavoro che svolgete. Se avete messo in vendita delle fotografie, potete promuoverle pubblicando dei link, se invece siete dei copywriter potreste semplicemente parlare della vostra attività e raccontare le vostre esperienze in un blog, o condividendole con le vostre reti di conoscenti e amici sui social network più utilizzati. In entrambi i casi queste operazioni, oltre a permettervi, anche in base alla tipologia di piattaforma su cui lavorate, di vendere di più, con un aumento di guadagni, vi permetteranno anche di perseguire un altro importante obbiettivo, ossia quello di farvi conoscere in rete, trovando nuovi collaboratori e clienti, che vi permetteranno anche, se vorrete, di andare oltre il marketplace.

I marketplace sono, infatti, ottimi strumenti per chi vuole avviare un'attività da freelance online, magari solo per arrotondare nel tempo libero, guadagnando grazie alle proprie passioni, come la fotografia, la grafica o la scrittura. Esistono però diverse tipologie di utilizzatori di queste piattaforme, così come molte tipologie di marketplace diversi. Questi siti possono essere una buona opportunità per diversificare le proprie entrate, e per mettersi alla prova e scoprire se, nel tempo, con impegno e studio, potremo effettivamente trasformare la nostra passione in un lavoro.

Per chi inizia a lavorare online, proponendosi come grafico o come scrittore, un marketplace permette di superare uno dei più grandi scogli, il trovare clienti. Il marketplace però non dovrebbe, a mio avviso, mai essere visto come un punto di arrivo, bensì, come detto, come uno strumento per diversificare e aumentare le nostre entrate, oltre che per entrare in contatto con nuove persone interessate a quello che facciamo. La possibilità, integrata in molte di queste piattaforme, di ricevere commenti sul nostro lavoro, sia dallo staff del sito, che dai clienti, ci permette di crescere e migliorarci, oltre che di essere contattati da nuovi potenziali acquirenti per i nostri lavori.

In conclusione, il mio consiglio è di iscrivervi, in base ai vostri interessi, ad almeno un paio di marketplace, di studiarne il funzionamento, di partecipare attivamente alla vita della piattaforma, lasciando, dove possibile, commenti e voti e condividendo i vostri lavori, le vostre esperienze e i vostri successi sui social network.

Se volete solo arrotondare, creandovi una nuova entrata, proporzionata alla vostra abilità, grazie a quello che più vi piace fare, potreste anche fermarvi a questo, ma se desiderate trasformare la vostra passione in lavoro, usate queste piattaforme come strumenti per migliorarvi, diversificare le vostre esperienze, dare visibilità alla vostra attività, ed entrare in contatto con persone e aziende interessate a quello che sapete fare.

www.ingramcontent.com/pod-product-compliance
Ingram Content Group UK Ltd.
Pitfield, Milton Keynes, MK11 3LW, UK
UKHW022011190726
13853UKWH00004B/1876